顔を洗うこと 心を洗うこと

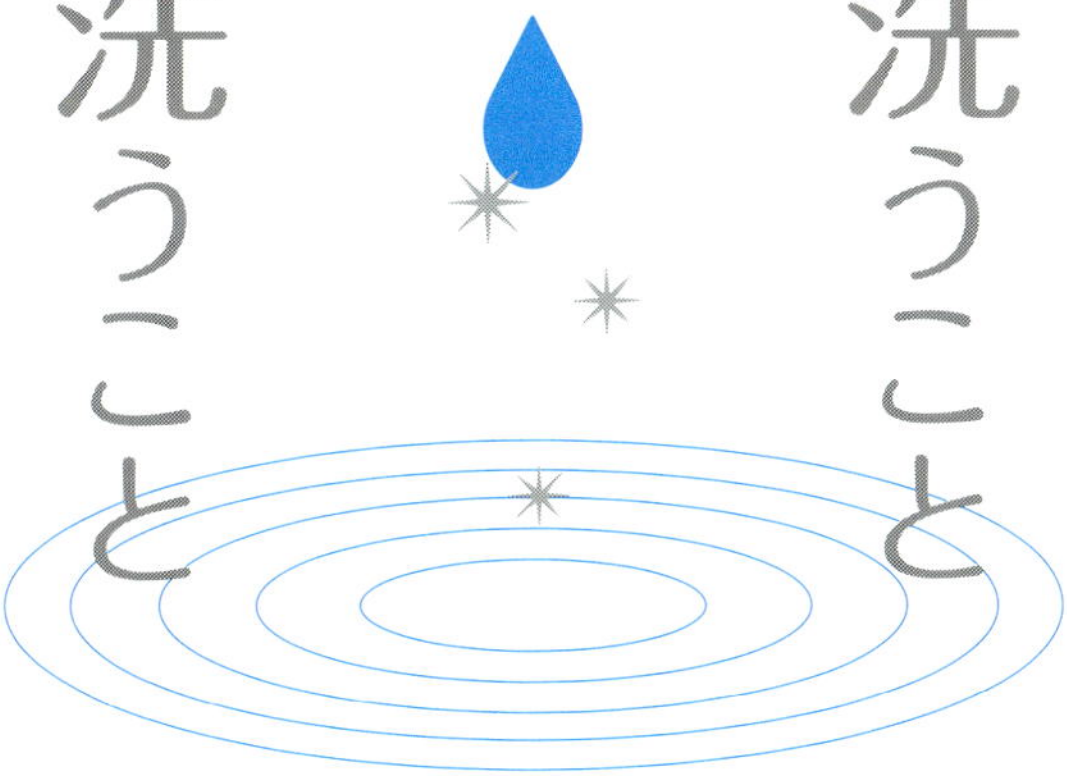

konno katsuko
今野華都子

サンマーク出版

あなたは子どものころ、
誰かに顔の洗い方を
教わりましたか？

はじめに

そういう質問をしてみると、ほとんどの方は、「そういえば、顔の洗い方は教えてもらっていない」とおっしゃいます。

教わったと思っている方でも、よく考えてみると、「ちゃんと洗いなさい」とは言われたけれど、具体的な洗い方までは教わらなかった、と気づかれるようです。

いかがですか？　お風呂に入ったとき、肘《ひじ》や膝《ひざ》、足の裏側のことなど言われたことは思い出せても、「顔」のときにはどうだったか……あまり覚えていないのではないでしょうか？

最近では、雑誌にもいろいろな洗顔の方法が特集されるようになりました。ただ、それはあくまでも美容のため。顔の表面をキレイにする内容がほとんどです。

もちろん、見た目を整えることも大切でしょう。しかし、「顔を洗う＝洗顔」ということに、私はもっと別の効果があることを知っています。


ちょっとイメージしてみてください。

もしも、母親がわが子を大事に思い、キレイな顔でいてもらいたいとの願いを込めて「洗顔」を伝えるとしたら、それはどのような洗い方でしょうか。

「緊張しなくていいのよ。ほーら、楽にして」

「そのままでいいんだから、安心して」

と声をかけながら、大きな心で優しく包み込むように、ゆっくりゆっくりていねいに洗っていくと思います。

私が皆さんにお伝えしているのは、そのような洗い方なのだと思います。
だから、ただお顔を洗ってさしあげているだけなのに、涙を流す方や、感謝してくださる方がいらっしゃるのかもしれません。
それは、エステティシャンとしての技術というよりも、ていねいに、心を込めて、触れさせていただいている私の指の感触に、お客様ご自身が大切にされていた記憶、愛された記憶が蘇《よみがえ》るからなのだと思います。

ですから、私が、いちばん望んでいるのは次のことです。

あなたが、あなたのお母さんになったような気持ちで、あなた自身を大切に扱ってあげてください。

自分の両手で、優しく優しく、「ありがとう」といたわりながら、キレイにしてあげてください。静かに鏡の中の自分と向かい合って、穏やかな時間を持つことを続けてみてください。

今日一日にあった悲しいこと、言わなければよかったと気になっていることも「みんな、いいんだよ」と。そして、楽しかったこと、嬉《うれ》しかったこと、そのすべてを「ああ、よかった。すべてが感謝だな」と声をかけてあげてください。

人は、誰かに見つめてもらい、知ってもらい、受けとめてもらえることで、心に余裕が生まれて、落ち着くことができます。自分に受けとめられた「あなた」は、やがて、落ち着いた目でいろいろなことが見えるようになるでしょう。

そのような目でまわりを眺めると、自分にとってほんとうに大切なことに気づくようになります。そうやって気づきで身につけていったことこそが、ほんとうのあなたの良さになっていくのです。

現在、私はリゾートホテルをはじめとする四つの事業部をもつ企業の代表であると同時にエステティシャンでもありますが、多くの方とお目にかからせていただいた立場からしましても、ほんとうの美しさとは何かと質問されたなら、それは何か特別なことではなくて、その人が本来持っている「良さ」が自然に表れ、命が輝いて見えることなのだと、お答えすると思います。

自らが気づきを得ることのできる洗顔の方法。

それは、母が愛するわが子を見つめて、いとおしみながら優しくキレイにするように、あなたがあなたを愛する具体的な方法となってくれるのです。

そして、あなたのほんとうの自分らしい美しさを引き出してくれるようになるのです。


子どものころから私は、誰かのお役に立ちたいと強く思う性分でした。しかも、思ったことを徹底して実行するので、もともと弱かった体が伴わずに時には苦労したこともありました。

でも、悲しそうだった方、苦しそうだった方の顔が幸せに輝くのを見るときの喜びは、ほかのこととは比べられないほど、私の心を燃え立たせるのでした。

なかでも、自分の欠点がいやで心を閉じてしまい、幸せから遠ざかっている人、ほんの少し気づいたらすばらしく変われるのに、その方法がわからずにいる人を見るとほうっておけなくなるのです。

今ではそんなとき、私の「洗顔」を教えてさしあげることができます。

なんとありがたく幸せなことでしょう。


一九九八年、四十五歳という年齢で、二人の子どもの母親だった私がエステの世界に飛び込み、欧州の企業が主催するエステの世界大会にて日本人で初めてグランプリという栄冠までいただきました。

それだけでもありがたいことだったのに、さらに不思議なご縁やタイミングから、経営者としてさまざまな学びをいただく日々——自分でも夢中でそれらのことに取り組むうちに、経営者の方々のセミナーや勉強会などでも、お話をさせていただくようになりました。

それもこれも、「顔を洗う」という、誰でも毎日できる具体的な手だてを通じて感じ、学んだこと。そしてそれを実践しつづけ、従業員をはじめ人様を育てさせていただいてきたこと、からつながったのだと思います。その結果として、いろいろな方の気づきのお手伝いをさせていただく、今の私になっていったのです。

自分の人生や運命を変えていくには、大きな努力なんていりません。必要なのは、日常の小さな習慣を積み重ねていくことです。

毎日のよい習慣は、やがてその人の心の品格、ひいては魂の品格まで高めてくれると私は信じています。品格を伴った心や魂は、決してほかの人をおろそかにしようとはしません。自分を大切にできるようになった人は、必ず、人をも幸せにしたいと思えるようになるのです。

そういう人たちが集まった社会、お互いが優しさを身につけた社会は、どんなにすばらしいでしょうか。良い習慣はたった一人からでも世界中に伝わる。重要なのは発信しつづけること――そう心から願ってこの本を書かせていただきました。

「洗顔」という小さなことが、この本を手に取っていただいたあなたのお役に立ったならば、ほんとうに幸せです。

今野華都子

顔を洗うこと　心を洗うこと　目次

自分らしい気づきへ

心を開いていく

装幀
こやまたかこ

本文デザイン
こやまたかこ＋木村美里

本文イラスト
もと潤子

本文写真
©MEG./A.collection/amanaimages(p81)
©orion/amanaimages(p82-83/p88)　©IDC/orion/amanaimages(p84-85)
©YUKIHIRO FUKUDA/A.collection/amanaimages(p86-87)

顔を洗いながら
心を洗う

今野華都子式
ハッピー洗顔

洗顔とは、

毎日続けるものだと
私は思っています。
毎日続けながら、
毎日確認していくこと。

確認とは、
「自分のままでありつづけられる、
自分自身を作り上げる」
ことです。それが自覚できれば、
今度はいかに社会に
貢献できるかまで、
あなた自身の存在を
広げられます。

毎日お顔を
洗ってください。
大切に愛おしむほど、
お顔も心も
洗い清められていきます。

今野華都子式
洗顔方法

ゆっくり、優しく、こすらないように、
息を吐きながら洗うのがコツです。

まず、準備をしましょう

1 お湯の温度は30℃前後にします（温かいというよりは水に近い感じ）。

2 顔をよくぬらします。

3 手をよく洗います（手の汚れや脂分を落とします）。

さあ、洗顔を始めましょう

1

洗顔剤をしっかり泡立てて、顔全体に泡をのせます。

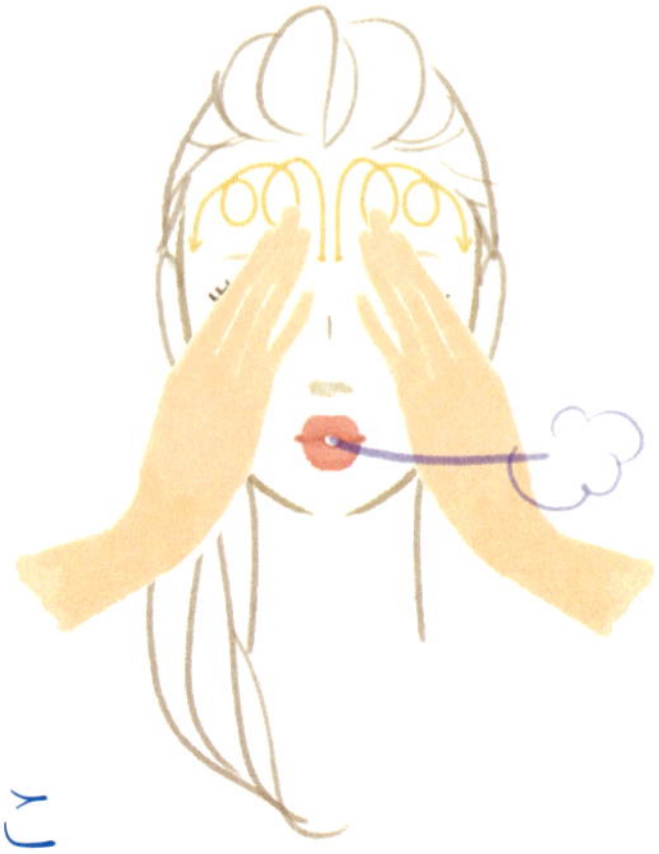

2-1 おでこ

らせんを描いてこめかみへ。（5回）

2-2 頬

鼻の横から円を描くように。（5回）

2-3 頬側面

こめかみから耳の側面を下へ降りてから
円を描いてこめかみへ。(5回)

2-4 鼻

鼻の両脇から小鼻を洗い、
円を描くように鼻の稜線を上へ。(5回)

2-5 口まわり

口下のくぼみから口のまわりを通り、
唇の上を通って口下へ。(5回)

2-6 頬下《フェースライン》

あごの骨の上を通り、あごの骨の下を通るように。(5回)

2-7 まゆ毛

まゆ毛の頭からこめかみへ。（5回）

2-8 アイホール

くぼみに沿ってこめかみへ。（5回）

2-9 目の下

目の際ギリギリを通ってこめかみへ。(5回)

3

息を吐きながらこめかみまで、
最低10回かけ洗いします。

4

洗顔1、2を繰り返します。

5

片手で顔の中心をくるくる洗い下がってきます。

6

両手で全部の泡をゆっくりまわして洗います。

7

息を吐きながらこめかみまで、
最低20回かけ洗いします。

8

最後に冷水で5回、顔を引き締めて終わりです。

自分らしい気づきへ

優しさを教える人になる

全身がアトピー性皮膚炎だという幼稚園の先生とご縁ができました。

「よろしければ洗顔教室に来ませんか？」

気軽にお誘いしたところ、

「私は顔のことなんか気にしていないからいいです」

でも、そう言う彼女の目を見ていると、思いとは違う様子がうかがえたので、ご無理のないようにと、洗顔教室の日時と場所をお伝えさせていただきました。

教室が開かれるその日、彼女が来てくれました。ところが、いざ始めようと私と向き合ったとたん、自分がいかに顔のことなんか気にせず、今まで立派に生きてきたか、自分がどれくらい親と園児から信頼のあるいい先生なのかということを、とうとうと話しはじめたのです。

私は、ただ黙って洗顔の準備をしていました。

「ありがとうございます。お顔の洗い方を教えますね」

準備を終えて、いざ教えようとしましたが、彼女は顔に触れさせてはくれません。

「それでは、手にさせていただきますね」

私は彼女の手を顔に見立てて洗いはじめました。洗いながらも、細かいことは何も言いませんでした。私がどのような思いで洗顔教室をしてきたのか、どのような思いからこの仕事をしているのかさえ一切話さず、とにかく手の甲を優しく洗いました。そして一言、このように申し上げたのです。

「ここに来てくださって、ほんとうにありがとうございます。お顔も、できればこのように洗ってあげてくださいね」

私がそう言った、ほんとうに直後のことでした。

彼女が「ワーッ！」と声をあげて泣きはじめたのです。

その空間には私と彼女しかいませんでしたから、私は彼女が落ち着くまで、ただ両手の甲をゆっくりゆっくりと洗いつづけました。

「手に触れていただいた瞬間に、『私はかつて自分と他人に、このように優しく接してあげたことがあるだろうか』と思ったら、体の奥から何かがこみ上げてきました。私は……人に心を教える職業に就いています。けれど、今初めて……自分は……心を教えていないということがわかりました……」

彼女は深く頭を下げました。

「人に頭を下げるのは、初めてのことかもしれません」

小さな声でつぶやきながら。そして、自分が過去に体験したことを、たくさんの言葉にして吐き出しました。話して、話して、心に溜《た》まっていたご自分の思いを、私に伝えてくれました。

心が落ち着いてから、ゆっくり彼女の顔を洗ってさしあげました。みるみるうちに彼女のお顔が優しくなっていくのがわかりました。最初はすべてを否定して受けつけない、こわばった硬い形相だったのですが、まるで別人のように穏やかな、輝かしい表情になっていったのでした。

洗顔が終わって自分の顔を鏡で見たとき、彼女は驚いていました。ずっと自分の心にかたくなにフタをして、ほかの人を受け入れなかったことがわかっているからこそ、変化にびっくりしたのでしょう。

顔は名前と同じくらい、自分を代表するものです。顔をどのように扱うかは、自分をどのように扱うのかと同じことなのです。

ていねいにゆっくりと自分を感じながら洗うことによって、この世に唯一無二の自分の存在を確認できます。

自分に優しくていねいに向かうこと……これはほかの人にも優しく、ていねいに向かう心を作ります。一事が万事、つながっているのですね。

「私、明日から続けてみます」

彼女とは今でもお付き合いをしていますが、まるで違う皮膚、違う顔になったように、表情そのものが別人になりました。

それからというもの、彼女の言葉づかいも変わり、歩き方をはじめ立ち居振舞いも変わりました。そして、彼女が影響を与える同僚や園長先生はもちろんのこと、園児たちやお母さんたちも変化していきました。

初めて会ってから数か月後、彼女から手紙をいただきました。そこには、嬉《うれ》しい言葉がつづられていました。

今野華都子様
洗顔教室のときはほんとうにありがとうございました。
あれから毎日、毎日、心を落ち着けて顔を洗っています。
私は今まで、他人をまったく受け入れなかったのだと思います。とくにアトピー肌で汚い顔のことは言われたくなかったものですから、その前に「まったく気にしてませんよ」という素振りをしていたのでしょう。すべての人に対して、強い態度でそうやってきました。もちろん子どもたちにも同じです。教育者として、人としての優しさを教えてきませんでした。洗顔を続けながら、少しずつではありますが、「優しい」ってことが考えられるようになった気がしています。

お母さん、ごめんなさい

「今野先生、私は生まれてきてよかったのでしょうか？」
「どうして？」私は聞きました。

「じつは……私、小さいときに、
お母さんに言われたんです。
『あなたを産まなきゃよかった』って。
私、そう言われたことが、

ずっと頭から離れなくて、
『私は生まれてこなければよかったんだ、
生まれてこなければよかったんだ』って忘れられないんです」

いつものように洗顔をいっしょにしながら言いました。

「あなたは、何を言っているの？　『生まれてこなければよかった』なんて。あなたがこうして生きている、そのことだけでいいのよ。あなたが生きて、ここにいるだけでいいの。あなたは自分だけが傷ついた、と思っているでしょう？　でもね、あなたが聞いたその言葉は、じつはあなたがお母さんに言わせたのよ。あなたは言われたその言葉だけを覚えているけれど、そのときの状況をよく思い出してごらんなさい。あなたが何かを言ったから、お母さんからその言葉を引き出したんですよ」

「ええーっ!?」

彼女は驚きました。「信じられない」といった表情で私を見ました。

「でも今野先生、私はお母さんに愛されてきませんでした」

彼女の目をじっと見つめながら、私はこう話しました。

「あなただって子どもがいるからわかるでしょ。いい？　こんなことを言ってごめんね。でも大切なあなたのことだから言うね。あなたみたいにいつも意固地になっていたら、『なんて言うことを聞かない子どもだろう』って、お母さんだって愛情をかけられなかった気持ちは、わかってあげてほしいの。あなたがいつも自分を中心に考える子だったから、お母さんだって大変な思いをされたのだと思いますよ」

話しているうちにわかりましたが、彼女は一時期、うつ病と診断され、精神病院への入退院をくり返している時期がありました。そのとき、お母さんは毎日毎日、彼女が入っている病院を訪ねていたそうです。

「きらいで憎い娘の病院に毎日行けますか？　ふつうは行けませんよ。あなたはほんとうに大好きになれる人とめぐり合って、お子さんもできて幸せですよね？　あなたのお母さんもね、ほんとうはあなたたち家族のような、幸せな家庭を築きたかったんですよ」

私は彼女と向き合って、そっと彼女の体を抱きしめました。

「ごめんね。私ね、お母さんの代わりに謝るね。ごめんね、ごめんね、ごめんね、ごめんね……」

彼女は人目もはばからず声をあげて泣きました。しばらくして泣き終わった彼女は、少女のような顔になりました。

「あなただからできることがあるんだけど、聞いてくれる？」

「うん」少女の顔でうなずきました。

「あなたはずっと、『愛してほしい、愛してほしい』って思いつづけてきたでしょう。だからね、そんなあなただから、あなたのお子さまと、あなたのだんなさまを同じだけ、同じ気持ちで愛してあげてほしいの。それからね……今はできないかもしれないけれど、あなたのお母さまのことも、愛してあげてほしいの」

「それは……きっと、できません」

頭を横に振りながら答えた彼女は、大人の顔に戻っていました。

「今すぐにできなくたっていいの。あなたならいつかできるからね。あなたがやらなければならない、いちばん重要なことは、お母さんを愛してあげることなの。**洗顔をすることは毎日のことを洗い流しながら、穏やかな自分を創《つく》り出すこと。自分の存在を認めることは、相手の存在を認めることなのよ**」

その日から、彼女は毎日毎日、心が穏やかになるイメージを持ちながら、自分の顔を洗ったそうです。来る日も来る日も……。
彼女から手紙が届いたのは、季節が二つほど過ぎたころだったでしょうか。

今野先生へ
先生から教えていただいた洗顔方法をずっと続けてまいりました。最初は「顔を洗うくらいで何か変わるのかな?」と半信半疑でしたが、顔を洗いながら、なんだか心までがキレイになるような気がしてきました。
続けているうちに、今まで感じたことのなかった感謝の思いが湧《わ》きあがってきたのです。

私がここに生まれてきた理由。命があるということ。子どもがいて、夫がいて、幸せな時が流れている実感が持てました。きっとそのときが、自分のことを肯定できた瞬間だったのでしょう。突然、ほんとうに突然のことでしたが、「お母さんに会いたい」と思えたのです。純粋にそんな気持ちが湧いてきたのです。

実家に帰っても、今までは口もききたくなかった、お母さん。しかし、その日は、いつもとは違う自分がいました。

「お母さん……」

ドキドキしながら、何度も言葉を飲み込みました。

そして、ようやく一言が出てきました。

「お母さん……ごめんなさい。今まで……ごめんなさい」

やっと言えたと思った直後、驚くことが起きたのです。

その言葉を聞いた母からも、あとを追うようにして、

「私こそごめんなさい。ごめんなさいね」

二人で抱き合って泣きました。

その日から、母とも少しずつですが
今までのことを話せるようになりました。

ぶれない自分であること。ときどきは揺れてしまうこともありますが、自分らしくあることのコツをつかめた気がしています。

今野先生、ありがとうございました。

顔には何が表れますか？

先日あるところで、一人の女性に尋ねられました。

「今野先生は、顔には何が表れると思いますか？」

私は即座に、こう答えていました。

「すべてです。顔にはすべてが表れますよ」

あまりにも私がすぐに返事をしたからでしょう。

「やめてください。お会いできなくなってしまいますから！」

とっさに恥ずかしそうにご自分の顔を隠す仕草をされましたので、ちょっぴり申し訳ないような気になりましたが、それでも、やはり顔にはすべてが表れる、としかお答えできないのでした。

お顔を見るだけで、会った瞬間にわかります。

顔のつくりとか、表面上のよしあしでとらえるのではありませんが、表情の一片一片にその方のすべてが表れ、見えてしまうのです。

いつもどんなお顔で暮らされているのか、どんな声でどんな言葉でお話をされているのか、楽しいときの笑顔はこんなだろう、怒るときの顔はあんなだろう、そのようなことまで手に取るようにわかります。

そしてまた、どんな思い癖があるのか、充実しているのか、退屈しているのか、悩みがあるのか、幸せなのか……。顔には、その人の外面、内面、生き方、思い方の全部が表れるのですね。

さらには生き方が定まっているか、立ち位置がわかっているか。

その方の心の座標軸がどうなっているかもよくわかります。

顔を大切に、ていねいに、きれいにしていると自分の心が見えてきて、生き方まで定まってくるのですが、いっぽうでは心が充実して余裕や自信が生まれると、顔や表情にとたんに張りが出てくるという双方向の関係が、心と顔の間にはまぎれもなくあるのですね。

顔をきれいにすると心が変わる。
そして、心が変わると、顔がきれいになる。
まさに、顔は自分そのものと言えるでしょう。

私の洗顔教室にみえる大多数の方は、今の自分よりもきれいになりたいという思いを持って来られます。

そこで、私は質問をします。

「あなたは、きれいになってどうしたいの？」

ところが、これにはっきりとした答えで応じられる方は、ほとんどいませんせん。これまでの十年間でおよそ五万人の方が私の洗顔教室にいらっしゃいましたが、この質問に即答できた方は数えるほどでした。

「きれいになりたい」

そう思うのは女性でしたら自然な感情だと思います。

けれど、「きれいになる」ことだけが人生の目的ではありません。

今、その瞬間に自分がきれいになりたい欲求はあっても、何のためにきれいになるのか……そこまでイメージしながらご自分を磨く方は少ないようです。

人間とは目標があって生きていく（動いていく）生き物であるように、きれいになることの先には目標があるはずだと私は思います。ですから、答えに困っている方には、ちょっと助け船を出してみるのです。

きれいになったあと、どうするの？

きれいになって、どんな生き方をしたいの？

自分を活かすってどんな生き方だと思う？


そうすると「あれっ？」と、あらためて気づかれる瞬間があります。

誰の胸の中にも等しくほとんどの答えが隠れているわけですから、自分さえその気になれば、答えと出会うことができます。

ですから、私はそのような気づきを自分の力で発見してほしいから、個人的な感情をからめた言葉ではなく、私の中から自然に湧きあがってきたイメージだけをお伝えすることにしているのです。

あなたがきれいになりたいと思うのは、
きれいになって、いきいきと輝いて、

その輝いた自分を役に立たせて社会や誰かのために
還元していく喜びを味わいたいからではないの？
そうやって、自分の命が終わる日には、
いい人生だったって終わりたい。
そのために生まれてきたんじゃないのかしら？
私たちが三十八億年前から続いている命を、
人間という形で、今こうして自分にいただいているのは、
そういう喜びを知るためじゃないかしら。

「そうなんです！　ああ、ほんとうにそうです！」
自分の中の実感に心をわしづかみされるように喜びながら、キラキラと涙が頬《ほお》をつたっていきます。今まで漠然と生きていた方ほど、気づいたときには瞬間に変わり、いち早くステップアップするための努力をされます。

自分の人生の最終目標にどう向かい合うか。

それがわからないままに、漠然と時間が過ぎていたところに、何か一つがわかることによって、すべてが一気にさーっとつながっていく瞬間です。自分の人生の来し方から、人類としての、地球としての、宇宙としての、そして自分という個人の先につながっていく生き方がわかってくる——。

自分を探すためにどこか遠くへ行く必要などないと私は思います。

あなたは今、ここにいます。みんながそれぞれ違うものをいただきながらこの世に生を授かり、とてつもなく貴重な「あなた」という存在としてここにいるのです。そのことに気がついて、感じて、愛して、そのままを認めてあげてください。

あなたという存在をあなた自身が意識しなければ、ほかの誰にも、どうすることもできないのです。

そうやって、自分がこの世に存在していることの大きな意味がわかれば、そして自分の使い方がわかれば、目先の、人と比べることから生じる悩みから解放されていきます。

人は誰でも良くなりたいと思っています。

それはもちろん、男性だって同じです。

それが物質やお金では満たされないから、競争社会に生まれついている男性は、満たされない思いを抱えざるを得ません。

会社でがんばっている、または社会で働いている男性の大半は、自分たちは〝ごくふつうだ〟と思っていらっしゃるでしょう。

「ごくふつうで、そんな大したものじゃありません」

そのような言葉を聞くと、私はいつもこのようにお伝えするのです。
「あなたたちがふつうだと思っていらっしゃることは、じつはすごいことなんですよ。あたりまえと思いながら、毎日毎朝、電車や車で通勤していること、それからオフィスなどで扱っている情報機器……これはね、みんな縄文人から見たらどう感じると思われますか？『あなたたち全員、宇宙人ですね！』って必ず思うはずですよ。それだけすごいことなんですよ！」

じつは、ふつうと思ってやっていることは全部、とてつもなくすごいことなんですね。ふつうだと思ってマヒしているだけで、ほんとうは何だってできる能力を持っているということです。どうか、ふつうだと思っている自分たちが、じつはどれだけすごい存在かというところまで戻って考えてみてください。

毎日の小さな気づきから、誰もが本来の自分を確立していけます。

そんな自分の存在に気づいていただきたいと思います。

毎朝起きて、いただいたこのお顔を洗って、ありがたくて涙が出るほど希望に満ちた今日に向かっていけるのは、ほかの誰でもないあなたが、生きて在ることが許されているすごさからなのですね。

みんながそのような毎日を送っていただきたいのです。


がんばってね、応援するね。

だってそれが私の喜びだから。


これこそが、私が全国に行って洗顔教室をさせていただけるエネルギー源なのです。

問題を作る思い癖

人生にはいろいろな出来事が起きますが、すべてに無駄はなく、意味があるのだと私は思っております。「幸せになりたい」とは誰もが思うことです。しかし、何をもって「幸せ」と言うか、決まった答えはありません。十人いれば十通りの幸せが存在しています。

でも、幸せの感じ方という点においては法則的なものが存在すると私は感じています。

あるとき、結婚二年目という二十九歳の女性から電話がありました。

「今野先生、こんにちは。ちょっと聞いてください……」

その直後から始まったのは、夫や家族がいかにひどいかの話でした。

「で、あなたの悩みは何なの？」

そういう私の質問にも、結局は家族への罵倒《ばとう》をくり返す始末。いろいろな言葉もご存じだし、聞くところによると学歴もしっかりとしたエリートさんでした。

「あのね。あなたはいったい何のために電話をしてきたのですか？　ひどいご主人の話をして、『それはひどい人だね』って言ってほしいの？『別れたいのです』『では別れたら？』と言ってほしいの？　いいですか。あなたは博識で何でも知ってそうだから聞きますね」

彼女は電話口で黙っていました。

「コップの水の話ね。コップに水が半分入っているとします。それを『半分もある』と思うか、『半分しかない』と思うか。あなたならどう思う？」

一瞬、彼女もコップの水の話に触れたのですが、やはりすぐご主人の話になってしまいます。

「あなたはね、離婚しても幸せにはならない人ですよ」

とうとう私は自分の気持ちを伝えることにしました。

「聞きますね。あなたは今まで親しくなった人全員とけんか別れをしていませんか？」

「えっ？　どうして……そんなことがわかるんですか？」

彼女が話している言葉の節々にキーワードが隠されていました。ご主人のお給料の話が出たときも、彼女は「多い」「少ない」という簡単な言葉だけで話を進めてしまっていました。結婚前の彼はどこそこに食事に連れて行ってくれた、何々を買ってくれた……お金持ちだと思ったそうです。「だから結婚しました」と。

ところが結婚してみると、思ったよりお給料が少なかった。彼女はご主人と結婚する前にこの金額を聞くことすらせず、ただ自分の勝手な思い込みだけで「この人は、とてもお金持ちだ」と思っていたそうです。ご主人のお給料は人並み以上でしたが、彼女にとっては不足でした。

「あなたは以前お付き合いしていた人のことも、今のご主人のことも全部、自分勝手な思い込みからの判断でしょう。あなたの思考自体が全部そうなんですね。『半分しかない』の思考」

「わかりました。でも……」

そう答えながら、「でも」の次には、ふたたび自分の話が続きました。

「私はすでに一時間四十分もこうしてあなたの話を聞いています。でも、あなたはほとんど自己弁護をくり返すだけ。ご自分の心が変わらない限り、たとえ今回、離婚をして次の結婚をしても、あなたの不満は永遠に続くことでしょう。**問題が起きているのではなく、あなたの心が問題を作っているのですよ**」

「自分がそんなふうに思っているなんて、今まで気づきませんでした」

その夜、彼女はご主人に謝ったそうです。その話を聞いたご主人も、「今から二人でやり直そう」と優しく言ってくださったそうです。「問題だ」と思う心が問題なのですね。

その日から、目の前のことすべてが感謝の心で見られるようになる日まで、彼女は毎日心の不満を洗い流すことにしたそうです。

数か月後、彼女からメールが届きました。

今野華都子先生
その節はありがとうございました。
毎日の洗顔のとき、自分の心をのぞけるようになりました。

不満や不安の一つひとつと向き合い、

「気づかせてくれて、ありがとう」

そう言いながら起きていることを受け止め、ゆっくり洗い流せるようになりました。そうしたら自分の心が落ち着き、すべてのことに感謝できる自分がいました。ただ生きているだけで「うれしい」と涙があふれる自分に出会いました。そうしたところ、主人に感謝を伝える言葉が自然と出るようになったのです。ほんとうに、ありがとうございました。

洗顔教室に参加させていただき、ブレない自分ができました。

悲しみから解放される瞬間

一人の女性が、タラサ志摩ホテル&リゾートまでいらっしゃいました。一目見てオートクチュールだとわかる上質のスーツがとてもよくお似合いで、高価な貴金属を身につけた気品の高い雰囲気の方。ニコニコしている様子から、まさか、とても大きな悩みを抱えていらっしゃるとは思いもしませんでした。

「今野さん、聞いてくれますか?」

彼女はゆっくりとした口調で「ある事情」を語られました。十年前からご主人と別居しているという苦しみです。

「どうして別居なさっているのですか？　あなたの苦しみの理由は何ですか？」

彼女の話を要約すると、次の三つになります。

一、夫は帰ってこないけれど、夫も私もお互いに「好き」だとわかっている。

二、夫には愛人がいて、その人との間に五人の子どもがいる。

三、私のお金を二千万円ほど愛人に使った。

私は彼女のお顔を洗ってさしあげました。笑顔が素敵な方でしたが、ゆっくり顔の表面に触れていくと、顔のいたるところの筋がこわばっているのが指先に感じられました。

洗顔のあと、ゆっくり話しました。

夫が帰ってこない十年の苦しみ。彼女はまだ夫を愛している気持ちを打ち明けてくれました。彼女いわく「夫も私のことを愛してくれている」と。では、ご主人は好きでもない愛人のところに行っているのですか、と聞くと、彼女は「そうだ」と言います。

でも、私は「それは、きっと違いますよ」と答えました。

「ご主人が出した結論は、あなたのことは好きだけど、その彼女のことはあなた以上に好き……ということなんです。だから、けっしてあなたをきらいになったわけではないの」

彼女は複雑な表情をしていましたが、私が伝えた次のような話で、みるみるうちに顔つきが変わってきたのです。

「いいですか。使ってしまった二千万円。そのお金がないとあなたは大変なの？　そうではないですよね？」

聞いてみると、やはり、まったく影響なく余生を暮らせる資金もお持ちのようです。

「はい……でも、私は夫が使ったお金をどうしても取り返したいの」

その思いがどこから来ているのか……私にはわかりました。

自分でも気づいていない嫉妬《しっと》心です。夫と彼女に自分が苦しんだぶんをわかってほしい、困らせてやりたい、と思う心が潜んでいたのです。

これは、彼女の本来の心ではありません。

「今までほんとうにつらかったですね。でも、あなたはほかの人には絶対にできないことをさせていただいたのですよ。ご主人と愛人と五人の子ども……いいえ、それだけではないの。彼ら彼女らに続く子孫みんなが幸せになる、そのお手伝いをあなたがさせていただいたのよ、神様があなたを使って。ありがたいですね」

「えっ!?」

「大きな役割よ。誰もができることじゃないから」

彼女がニッコリしたので、私も笑いました。今までの苦痛が嘘《うそ》みたいに吹き飛んでしまうくらい、二人で大笑いしてしまいました。

「今野さん、そうなのね、そういうことだったの……。ありがとう、ありがとう、ありがとう」

「あなたこそ、十年間ありがとう。私が彼の代わりに謝るね。そして、あなた。まだ彼のことが好きだったなら、好きな人の幸せを祈ってあげたらいかがですか？　彼女と、彼女の子どもたちと、あなたの夫……みんなのことをあなたは幸せにしてあげたのよ」

私たちは夜遅くまで二人で話し合ったのでした。

後日、彼女からお礼のお手紙が届きました。そして、彼女と暮らしている娘さんたちからも、

「今野先生、ありがとうございました。母は今、ほんとうに幸せになり

ました。あの十年は何だったのでしょうね？」

夫婦のことで、それもお金や養育費のことなどを考えると、今は簡単に裁判沙汰《ざた》になってしまう世の中です。しかし、物事の根っこをとらえるならば、表面的なところを見ているだけではけっして知ることができない、深い原因が見えてきます。

見方を変えれば答えも変わっていくのです。

争うのではなく、みんなが必ず幸せになれる考え方は、ちゃんとあるものなのです。

幸せになれるコツ

今、自分が幸せでないと感じている部分はありますか？

その部分を、あらためて見つめなおしてみませんか。

もしかしたら、すでにある幸せを、ないがしろにしていたり、気づかずにいるのかもしれません。

幸せは、どこか見知らぬところからではなくて、ふだん、不満に感じているところを直視することから訪れる、そんな素敵な体験をした例をご紹介させていただきます。

あなたにも思い当たるところがあれば、それはとてもラッキーなこと。

だって、それはもう、〝幸せになれるコツ〟を見つけたようなものですから。

＊＊＊

あるご家庭の奥様から、

「息子と父親が不仲で困っています。どうしたらよいでしょうか？」

そのようなご相談を受けました。

彼女の年齢からすれば、息子さんもおそらく大きくなられている様子。

どんなふうに不仲なのかはうかがいませんでしたが、急に不仲になったのではなく、もう長い間、ずっとそのような状態が続いているのだろうと推察されました。

「息子さんの態度は、あなたのもう一つの心ですよ」

私は思わず、そのように申し上げていました。

「あなたは、昔は、大好きでご主人とごいっしょになられたと思います。でも、そのうちに育った環境、性格の違いで、いろんな面が見え出してきたのでしょう。そして、

お父さんて、だらしないよね。

お父さんて、食べるときクチャクチャ音を立てて食べるよね。

お父さんて、すぐ怒鳴るよね。

お父さんて……。

子育てをしていた間じゅう、ずーっと、こんなことを言っていませんでしたか?」

「はい……思い当たることばかりです」

苦渋に満ちたお顔になられたその方は、口に手を当てて途方に暮れていらっしゃいました。

「でも、もう、取り返しがつかないことです。どうしたらいいんでしょうか？」

「今から、変わればいいんです」

「今から、ですか？」

「そうです」

私は次のような話をさせていただきました。

「小さいときから息子さんにとっては、お乳をくださるお母さんは絶対的な存在です。お母さんに好かれたいと思う気持ちが、お母さんの言うことをそのまま自分にすり込んでいったのですよ。だから、これからは、**お父さんが元気で働いてくれたから、あなたも学校に行けて幸せだったね。**

お父さんががんばって働いてくれたから、おうちにも住めるね。

お父さんがいてくれるから、安心して生活できるね。

お父さんがいるから、みんな幸せだよね。

そう言ってくださいね」

彼女は泣き出しました。

「やっとわかりました。長年、どうしたらよいかわかりませんでした。でも、全部、私の感謝の足りない心が原因だったのですね」

落ち着いてから彼女が私に言いました。

「息子の人生に取り返しのつかないことをしてしまいました。帰ってから息子に謝ります」

そう、おっしゃったお顔は少女のようにすっきりされて、とても美しくなっておられました。いろんなことを乗り越えて本物の家族になっていく……そこでの学びがまた、人生の味わいだと思います。きっと親子で、じつは身近にあった素敵な幸せに新たに気づかれて、たくさんの賜物《たまもの》を得ていかれることでしょう。

＊＊＊

「私、今のままでいいんでしょうか？」

四十九歳で独身という女性から突然、声をかけられました。

聞けば、一人娘としてご両親に大切に育てられ、今もごいっしょに暮らしているという方です。娘時代からの趣味の道では、今では先生と呼ばれ、何不自由なく過ごされておいでです。

「でも私、このままでいいんでしょうか？」

「あなたがどんなふうに生きたらいいか、そんなことは私にも誰にも決められません。けれど、あなたはこのままではよくないと思っているから、私に質問してこられたのではないかしら？　今、幸せじゃない、という気持ちはどこから来ているのか、よく考えてみましょう。

どんなふうに生きたかったたか。

どんな女性になりたかったか。

今、その道を歩いているのか。

よく考えてみてね。その気になったら、生き方はいつでも変えられますよ。

私たちは、両親に体をいただいて、その親だけでなく、社会の皆様に育てられて大人になります。愛されっぱなし、いただきっぱなしではなくて、もうそろそろ社会にお返ししなくちゃいけない歳ですものね。

もう、自分のためだけではなく、誰かに喜んでいただけることを考えていかなければいけないと、どこかで感じるから、私に聞いてこられたのではないですか。今までは、大切にされて、楽なほうだけを選んできたでしょう。これからは、迷わず〝難しい〟と思うほうを選んで、そこで起きることに一つひとつ、真摯《しんし》に向かってはどうかしら？　そこにはきっと、あなたの感じたことのない達成感と充実感がありますよ。

自分を愛し、育て、それをまわりに還元する。自分以外のものを喜ばせることに幸せがある、ということに、気づいたのではないですか。あなたが輝いて幸せなことが、ご両親にとっても幸せなようにね」

「やっと霧が晴れました。行き先が見えてきました」

たったこれだけの会話の中で、彼女は、大切なことをつかみ取って、お顔の目も違っていました。

いかがですか。このお二人の女性の相談内容は、まるで違っているようですが、じつは同じところがポイントです。

自分を幸せにするのは自分です。

幸せがやってくるのは自分の心持ちから、なんです。

短い会話の中で、その急所をすばやく察知することができたこのお二人に、すばらしいなあと、感服いたします。その後の毎日を、きっといきいきと過ごされていることだろうと、確信しています。

日々を生きる喜び

若いころの私は、人は生き方が大切であり、顔などの表面的なことはそれに比例してあとからついてくると思っていました。ですから、表側を磨いて中身を磨かないのは本末転倒と考え、顔の表面をことさらにどうにかするということに時間を使いませんでした。

そのぶんを、基本になる内面を磨くことに使おうと、山のような本を読んで知識を吸収したり、感性を刺激すること、難しいと思える体験をすることに費やしていたのです。大事な時間を、顔の手入れに使うなんてとんでもない、そんな感覚でいました。

十九歳のときには蓄膿症《ちくのうしょう》の手術をしました。

もともと私は血が止まりにくい体質なのですが、案の定、手術はうまくいかなくて、血が止まらずに麻酔なしで切開しなければならない緊急事態となりました。

それでも大変なのに、一か月後、今度は鼻の肉に絡まった止血用の脱脂綿を一個一個はがしていく処置を、麻酔なしで三十回以上も行ったのです。これはもう「痛い」というレベルを超えていて、一生忘れられない体験となりました。

「この痛みをどうやって克服したらいいか」

今起こることからは逃げられません。ならば自分がすべてを受け入れなければならない。

痛みも、これから逃げようとするから痛いのであって、その中に入っていけばいい。起こることはすべて享受しようと、そのとき思いました。あの体験以上につらい体験を、私はしたことがありません。あのとき味わった「引き受け」グセが、今でも抜けないのかもしれません。

そうやって、自分を育ててきて、知性も心も、以前よりは育ったと思う自分がいるのに、今度は、年齢以外に病気などもあって、人よりずっと早くシミやシワが多くなってしまっていました。

その中でも、目の下から頬骨の上にかけてできてしまっていた大きなシミがとても気になり、気がつけば、目立たなくしよう、隠そうと気を配ることに心を砕き、そこにとらわれている自分がいたのです。

でも、それはおかしなことだと、納得がいかない自分もおりました。

ずっと、生き方が大事だと考え、顔はそれについてくると思っていたのに、顔はこんなに、今の自分の意識に大きな影響を与えているではないか。

これはおかしいと。人はやはり外側も大きな要素ではないかと。

そうなると、今度はそこから自分が納得できるよう、顔ときちんと向き合おうと、はじめて真剣に顔の手入れについて取り組みました。

私が三十五歳のときでした。

まずは、顔についた汚れを落とすことが肝心だと思いました。

化粧も汚れの一つ、シミやシワだって、その汚れの延長のようなものと考えましたので、自然に「洗顔」に思いが入りました。

勉強もして、そこから自分なりに実行しては考えていき、洗いながら感じたことを素直に受けとめて、洗う順番や息の吐き方、洗う手の強さなどを、体系的に今の洗顔方法に深めて収めていったわけです。

そして毎日毎日、顔を洗うときに、心を静めるということをやりました。

その日にあったいろいろなことを思い出しながら、それがすべて良かったと思える、洗い流せる――顔を洗うというのはそういうことができるのだと学び、その穏やかな時間が習慣になりました。

悔しかったこと、悲しかったこと、言わなければよかったことも、「だいじょうぶ、すべてだいじょうぶ」と。楽しかったこと、嬉《うれ》しくて心が弾んでいることも、「よかったな、ありがたかったな」とすべて今日という日の終わりで流してしまいます。

そうして、静かな自分になるのです。

それは、ある意味では、すべてに感謝することのできる状態の自分になるとも言えます。毎日の終わりに、自分をそういうフラットな状態にして眠るという習慣を持ちました。

今では、ただ、神様からお借りしているこの顔を、なるべく醜くしないように、ことさらに何かを付け足すというよりは、いただいたときの状態に近いようにしておきたいというのが私が到達した、「手入れ」の基本だと思っています。

私は、心をこめてすれば、すべてに命が宿ると実感しています。お掃除だってそうです。私は、人から見たらもう何も掃除するところもないような状態でも、毎朝、部屋の掃除に時間をかけていました。それでも朝、どうしても家を出る前に時間がなくて、できなかった日と、ていねいに心をこめて掃除した日では、そのことを忘れていても、帰宅してドアを開けた瞬間に部屋の光り方、輝き方がまったく違って見えるから不思議です。

ですから、どんなものにもていねいに接したのと、無造作に扱ったのでは、大きな違いがあるのです。

ものにも必ずそれが伝わります。

ましてや、自分の顔は自分そのものでしょう。

それを、あなたご自身がどう扱うか。大事にいとおしんで取り扱っているのと、無造作に扱うのでは、目に見えて結果の違いが現れてきます。

私は最初のころ、エステの仕事をしながら、どうして同じ施術を受けて、すぐきれいになる人となかなかきれいにならない人がいるのだろうと不思議に思いました。

やがて、なかなかきれいにならない人には、タイプというか共通点があることがわかってきました。それは、食べるのが速い、歩くのが速い、トイレも手早くすませるなど、だいたいが仕事もよくできる方でした。時間がない生活をされているから、自分自身のことはいつでもあとまわしです。

考え方はそのまま人間の行動となりますから、「顔を雑に洗っている」ということは結果であって、必ず「原因」があるのです。

自分が忙しくしていることが原因で、機械的にそういう行動になる。忙しいからそうなっているということにさえ気がついていません。

忙しいときには、心まではかまっていられないものです。

たとえ仕事をしていなくても、子育てや家族の世話など、女性の忙しさというのは結構あるものです。

自分に時間をかけることが身につかないまま過ごしてこられた方はとても多いもの。それが習慣化していますから、「これを直しましょう、ゆっくりていねいにしましょう」という場合は、作業としてそのことだけを直すのではだめだと思います。心まで直すというか、考え方を変えるところまでお伝えしないとなりません。

最終的には、私の洗顔教室ではそこまでのお話をしています。

すると、心をなくして動いているときには、一日の終わりは心身ともにとても疲れるものですが、一つひとつに心を入れ出すと、疲れなくなるという真理に気づかされます。

顔を洗うということは、ほかの誰でもない「私」と向かい合うことなのです。

私は、顔を洗うときには、皮膚を通して、自分の存在を確認しています。自分の中を確認する、しかも目をつむって自分を意識するということは、ふだんの生活にはあまりありません。

いっぽうで、情報はテレビやラジオ、新聞、パソコンなど、外からどんどん入ってきます。その情報を自分にどうあてはめて、どう処理するか、ということを整理したり考えたりすることもできないままあふれてきます。

そんな中では、自分と対話することができないから、自分の来し方、行く末を考えたり、自分を育てるということが、どんどん足りなくなっています。

今、瞑想《めいそう》がブームになりつつあるのは、そんな状況をなんとかしたいという思いからだと思います。

たしかに、瞑想もそのための一つの方法ではありますが、顔を洗うということには、そこにさらに〝感触〟というものが加わります。

自分の指で、まぎれもない自分に触れる……それによって自分という存在を確認できるということが、洗顔の貴重なところです。

皮膚を通して感じて、いつくしむ。

自分をいつくしみながら触っていると、人に癒《いや》してもらうのと同じような感覚が湧き上がってきます。そこから、自分が自分を愛するという感覚につながっていくことができます。

今は、愛してほしい、愛してくれない、という人がとても多くなっていて、それが心の病や問題を引き起こしているように思います。

けれど、あなたを愛するのは、誰よりあなた自身なのです。

それに気づいて、一人でも多く、愛される側から、愛する側に回ってほしいと願いながら、私は洗顔教室を続けてきました。

ほかの誰でもない、かけがえのない〝あなた〟にあなたが気づいて、愛してあげて、大切にしてあげて、ということが、私が洗顔を通していちばんお伝えしたいことなのです。

それが日々を生きる喜びとなることを願っています。

ほとんどの人の
悩みや迷いは
「自分と人を比べること」や
「他人の評価」を気にするために
起きているのです。

自分が誰と比べることのない
唯一無二の存在なのだと
いうことがわかれば
比べることで悩みが生じたり
他人に「どう思われるか」
で揺れたりすることも
なくなるでしょう。

悩みや迷いは
すべて自分から出たもの。

「どんなふうに生きていくのか」
方向性を見定める
ということが
ぶれない自分を育てていく
いちばんの近道だと
私は確信しています。

確固たる
自分の存在を認識できて
初めて他人様のことも
認められるのでは
ないでしょうか。

明るくて、優しくて、
穏やかな心を持った
ほんとうの自分を育て
その自分で
目の前のことを一つひとつ
心を込めてやらせていただく。
自分を活かせることに歓喜し
生かされていることへの
感謝にひとりでに
手を合わせてしまう。

そこには
すでに悩みも迷いもなく
すべてを受け入れほほえんでいる
「我」さえも通り越した
大きな本質に向かっていく
道がある。

心を開いていく

今日から売り上げが三倍！

人は誰でも、その人だけに許された輝く才能を持っています。役割のない人など一人もいません。誰にでも等しく、その人に課された役割があると私は思っています。

大人になって自分を生かそうとするとき、その人の持っている能力は、皆顔が違うようにそれぞれ違います。なかには歌がうまいとか、かけっこが速いとか、演じることに長《た》けているとか、特殊な技能が突出している人もいますが、ほとんどの人は突出しているものを持ち合わせていなくて、自分でも何が好きなんだろう、何が適職なんだろうと思ってしまいます。私もそういう時期がありました。

でも、平均的なことってじつはすばらしいことなんですね。優しいとか負けん気が強いとか、そういうことも立派な能力です。その能力を磨いて高めて、それを世の中に還元して喜んでいただくこと。これが究極の幸せではないのか——私はあるときから、そう思って生きていくことにしました。

あるお店の指導を頼まれたときのこと、とても行動がゆったりな子がいました。みんなから、

「あいつはすごいのろまだ。あいつに何か仕事を頼んでも時間が倍かかるし、急いでほしいときも急げない」

と言われてしまいます。教えてもなかなかそのとおりにできないんで

すね。それに、何か注意をするとすぐに泣く子でした。二時間も泣いているときさえあったほどです。そうなると手がつけられません。

経営者的に言うと、その間もお給料は発生しているわけです。ほかのスタッフのことも考えると、もう少し仕事が速くできるようにさせてあげたい……。頭を悩ませたこともありました。

そんなある日のこと、彼女と向き合って話す機会があったとき、一つのヒントを手渡すことができました。

そのお店には、ノルマというものはありませんが、個人個人が目ざしていく目標はあります。スタッフになった初めの一年間は何もありません。二年目になると一か月の目標額は自分のお給料くらい、次の年は三倍くらいとなります。

それまでの彼女は一回も自分の目標をクリアしたことがありませんでした。

「あなたね、来月から目標がお給料の三倍になるんだよね。来月からどうする方針なの？」

仕事前のひととき、彼女を呼んで話をしました。

「がんばります」

「がんばるって、どういうふうにがんばるの？」

「いえ、私は何もできないので、とにかくがんばります」

「今までがんばってきたんでしょ。がんばったのに一回も達成していないのはなんでだと思う？　じつはね、私はこう思ってるの。あなたはもう何でもできるのよ。技術もうまいし、一生懸命さも見ていたらわかる。お客様に対してもきちんと応対できている。でもね、どうしてできないか理由があるの。知りたい？」

「はい。知りたいです」

「じゃあ教えます。あなたってね、お客様に対して、相手の身になってご提案していないんですよ」

私はあるたとえ話を彼女に話しました。

私が洋服を買いに行きました。

友人の結婚式に着ていくという目的があります。

そのとき、気に入ったものが二つあって、これとこれではどちらがいいですか？

私は売り場にいたプロの「あなた」に聞きました。

「そういうときにね、今のあなたならどういうふうに言うか教えてあげましょうか？　『こっちのほうがキャンペーンでお安くなっています』ってね。素直に言うでしょう。でもね、私だったら、こう言いますよ。

『お客様は来賓でございますか？　御祝辞をなさる方ですよね？

人前に立たれるのでしたら、こちらの洋服のカッティングは、お客様の体型をこういうふうにとてもすばらしく見せます。そして御主賓ですよね？　それでしたら、こちらのほうが着物にも負けない光沢があって、長時間座られてもシワになりません。そして、もしお客様が御祝辞を述べられるのでしたら、こんな感じでお花をおつけください。そうしたらお顔の映りがこうなりますし、もし所が変わっても、こんなときにも、あんなときにもお召しになれますよ』と。

相手の身になって考えながら、『これはお客様の品性をとても引き立てるものだと思います』と、私ならばそういうふうに勧めますよ。

わかった？　お客様の立場に立って親身になってお話をさせていただくと、お客様によっては涙を流して喜んでくださりながら、商品をご購入してくださる方もあります。どう？　今のお話の中で、私、一回もお客様にものを売っていませんよね？　○○キャンペーンだから……とか、私、言ってません。ところが、涙を流しながら購入してくださるお客様もいるのよ。これ、どういうことだと思う？　そこのところをよく考えてみてほしいの」

彼女がどこまで理解してくれたのか、私にはわかりませんでした。

ところが数日後、奇跡が起きたのです。

そのお店は午前十時から始まるのですが、開店して早々の時間に、出張先にいる私の携帯電話が鳴りました。

「先生、大変です！　開店してすぐ、○○ちゃんがすばらしい売り上げを出したんです！」

電話口からは興奮したスタッフの声。私も突然のことに驚きました。

ところが、さらに一時間後、ふたたび電話が鳴ったのです。

「先生、またまた大変です！」

その日、なんと彼女は一日で一か月分の成約を実現させました。

そして、嬉《うれ》しい波動はお店にどんどん広がっていきました。

私に電話をくれた、まだ目標額を持っていなかった子までが、次の日から目標を達成していったのです。このことは彼女の人生を変えました。今までのろまで自信がなく、おどおどと人の顔色を見ていた子が、満面の笑みで働くようになったのです。そうなると、人の評価が「のろま」から「落ち着いたていねいな人」に変わりました。

個性が開花したのです。

たった一人の心のスイッチがオンになったとき、その電流みたいなものが強ければ強いほど、目には見えないけれども動きはじめた「気づき」は、どんどん伝播《でんぱ》していくと私は思います。

そうやって自分の能力を高めていき、磨いて磨いて、最終的には社会に還元できるようになる人が増えることを願っています。人にその気づきの機会を提供するのも私の仕事だと思っております。

気持ちを酌むということ

学生時代の成績が一番という、とても優秀なスタッフがおりました。

でも、その子の心は、まだ育っていませんでした。

ある日、それがはっきりするような事件が起きました。

冷静に考えれば些細《ささい》なことなのですが、お客様からある商品の注文が来て、彼女がオーダーどおりパソコンに入力しました。その時点で自動的に送料が発生するシステムになっていました。

入力した直後、ふたたび同じお客様から二つ目の注文が入りました。

そして「いっしょに送ってくださいね」とのコメントまでいただいたようです。当然ですが、この時点で、お客様からしてみれば、最初に注文した商品といっしょに発送してくれれば送料は一回分ですむ……と考えるのはあたりまえのことです。ところが入力から発送までを行った彼女は、商品を一つの箱で一回送ったものの、

「システム上二回分の送料が発生しますので、郵送料は二回分いただきます」

という断り状を商品に同封したのでした。

お客様からどのような反応が来たのか、想像できると思います。

「どういう教育してるんですか！」

とても強烈なお叱《しか》りの電話をいただきました。

「あのね、これは間違いなくうちの落ち度だよね。もっと言えばあなたの落ち度だけど」

そう言うと、彼女からこういう返事が返ってきたのです。

「どうして私は怒られたんですか?」

私はびっくりしましたが、ここは冷静になって、言葉を換えて言いました。

「あのね。あなたはいつも銀行に行ってくれているよね。ちょっと考えてもらえる? たとえばね、A社が、『前月分と今月分の振り込みはいっしょでいいから』と言ってくれたとするよね。三千円と七千円で一万円を振り込みました。ところが銀行から『手数料は二回分いただきます』って言われたら、あなたはどう思う? そこまで言わないとわからない?」

結局、お客様には私から電話をかけてお詫《わ》びしました。かえって恐縮してしまったお客様はすぐに許してくださいましたが、彼女は釈然としません。会社のシステムがそうなっているのに、どうして自分が怒られなければならないのかが、わからないようなのです。

次の日の朝、彼女はいつもの時間に来ませんでした。そして、真っ青な顔をして遅れてくるなり、私に辞表を渡してきたのです。

「とにかく入りなさい」

私は彼女をお店に招き入れました。

そしてゆっくりと言葉を選んで伝えました。

「あのね。べつに私は個人的に怒ったわけでもなんでもないよ。仕事をするうえでのふつうの注意。こんなこと世の中では毎日あることよ。うちでは年に一度くらいしかないけれど、お客様と常に向き合っている一般的な会社ならば、苦情など毎回あることですから。そんなことでいちいち辞められたら困りますよ」

最初は黙って聞いていましたが、そのうちいきせき切ったように話しはじめました。

「でも私、こんなに苦しかったんです。こんなに、こんなに、こんなに……。もうすごかったんです。ご飯も食べられないくらい。お父さんもお母さんもすごく心配して、『どうしたのか？』って聞かれて、それで起きたことを話しました。そうしたら『そんな会社辞めてしまえ』って言われました……」

彼女の話はまだまだ続きました。

「あのね……」私は目を見て話しました。

「ほんとうに辞めたければ辞めてもかまわないよ。でもね、こんな辞め方はないんじゃない。辞表を持ってきて、その日に辞められるというのはテレビの中の世界の話。大人には大人の辞め方があります。人生の師匠は私でなくていいから、ほんとうにあなたがやりたいことが見つかったときは、きちんと辞めなさい。そのときは私が花道をつくってあげますよ」

それでも彼女は自分を正当化するようなことを口にしていました。

「私は明日からアメリカに出張するでしょ。それはあなたも知っているよね。私とあなたがいなかったらお店は回らない。そのことも知っているよね。じゃあ、私がアメリカに行くんじゃなくて、どうしても治らない病気で明日入院するとしても、あなたは今日、辞める？」

この質問に、彼女は怖い顔をして私を見ていました。二分間くらいだったでしょうか。結構長い時間でした。

「それでも辞めます！」

そこまで言うなら仕方ない……そう考える経営者もいると思います。

そのとき、私はどうしたと思いますか？

思いきり笑ってしまいました。おなかを抱えて大笑いしてしまったのです。

「まだまだだね、明日もおいで」

笑いながら彼女に言いました。

「うん、うん。あのね。あなたの言ったこと、全部自分のことだよね。あんなに苦しかった、こんなに苦しかった、大変だった。うん、そうだよね。でもね、そのときまわりのみんなは、どうしてくれた？　あなたの失敗をみんなでカバーしてくれたでしょ？　私もお客様にお詫びの電話を入れた。経営者としてあたりまえのことだけど。その件で誰一人としてあなたを責めたり、あなたのために動いたことを恩着せがましく言う仲間はいないでしょ。その気持ちをしっかりと酌むことができないなら、まだまだだね。それができるようになったら、いつ辞めてもいいからね」

スタッフが中途で辞めたら、労働時間や給料のことなど、当然ながら会社にとっての損失が発生します。でも、私はそんなことよりも、この子がよそに行っても同じ考えでまた失敗するだろうと、そのことが心配だったのです。たとえ結婚しても、このままなら自分に都合のよい子育てをするでしょう。

私は自分が預かっているお嬢さんたちが、うちのお店で働くことで、幸せになる考え方を見つけていき、自分のスキルを磨き、それをお互いに認め合えるような考え方をしてほしいと願っています。

そのような言葉を発している私自身も、経営者としての考え方とか上に立つ者の在り方など、スタッフにかけた時間と同じくらいに勉強させられ、一歩また一歩、と人間的に成長の階段を上っていけると思っています。

「何のために」生きるのか

ある日、エステティックサロンを経営しているという男性が私を訪ねてきました。「エステは儲《もう》かるだろうから」と別の事業からサロン経営に転向したそうですが、設備にも多大な金額を投資し、腕のいいエステティシャンも他店から引き抜き、毎月かなりの額を投じて広告も打った……なのに採算分岐点である二百五十万円を割って、一年を経たその時点で、どうがんばっても月の売り上げが百八十万円よりも上がらない。もう打つ手はすべて打った、もう出すお金も底をついたというのです。

「今野先生、どうしたらいいでしょうか？」

話を聞いてみると、どこかで学んだような成功哲学的な理論とか経営理念とか、ビジョンや経営計画もしっかりお持ちのようです。

「わかりました。では、まずは毎日お店の中に入るのをやめてください」

相手が驚いたことは言うまでもありません。

「入るなって、ではいったい誰が経営をするんですか？」

それでも私は続けました。

「そして、『何のために自分はこの仕事をやるのか』を考えてください。何のために、何のために……を自分に問いかけてください。『生活をするために充分な金がほしい』でもかまいませんよ。それだってれっきとした理由ですからね。べつに壮大なことなど語らなくてもいいのです。でもね、もっと考えてほしいの。『何のために仕事をしているのか』と。『何のためにエステをやるのか』と」

私たちがやっていることは、「エステという仕事を通じながらお客様とどんなふうに関わっていくんだろう」ということ。技術とは、決してテクニックのことだけではないんですね。

「技術は愛情」

私が大切にしている言葉ですが、そういう気持ちでお客様と向き合うならば、おのずとやらなければならないことが見えてきます。それが見えてくると、自分がどんなふうに生きていけばいいのかも、必ず見えてくるはずです。

その男性は、私のお店で行っている施術や実践しているスタッフの姿を見ながら、感じたことがあったのでしょう。来たときとは別人のような顔つきで帰っていかれました。

一か月後……私はそのお店に行き、スタッフ一人ひとりと面談をしました。

「ねえ、自分たちは『何のために』働いているんだと思う？　急にそんなことを聞かれても答えられないと思うけど、

『幸せになりたい？　不幸せになりたい？』

そう聞かれたら、『幸せになりたい！』って答えるでしょう。

では、その〝幸せ〟って何でしょうね。一人ひとりが思う幸せの形は違うと思うの。家族の仲が良いこと、健康なこと、人を愛し、または愛されること、お金ももう少しあればいい……とかね。でも、ほとんどの人は人生で自分を活《い》かしながらこれらのことを叶《かな》えて、幸せな人生を送りたいと思っているでしょう。

ここ（お店）はね、それを実践する場なの。自分の技術という能力を活かし、目の前の人……仲間やお客様を愛し、愛され、喜んでいただき、その結果がお給料につながる。ほとんどの皆さんが履歴書に〝自分を活かしたい〟と必ず書くでしょう。では、自分を活かすために必要なこと

は何？

もしも、自分がほかのお店に行ったとき、どんな人にやってほしいか、一人ひとりイメージしてみてほしいの。

自分に足りないもの、このお店に足りないものは何？」

このようにして、スタッフ一人ひとりからお店がよくならない問題を聞きました。誰かの問題ではなく自分の問題としてとらえ、変えていかなければと気づいてほしい。

何のために働くのかが腑《ふ》に落ち、どんなふうになりたいかがイメージできたスタッフたちの変化には、めざましいものがありました。

「毎日、仕事に来るのが楽しい」とそんな声を聞くようになりました。

そのようなことがあった一か月後、その男性経営者から涙ながらの電話がかかってきました。

どうやってがんばっても百八十万円以上いかなかった月の売り上げが、なんと六百五十万円までいったそうなのです！　それは私とシェアした「何のために」を実行した月から。一時的かなと疑ってもみましたが、いまだにずっと五百五十万円を維持しているのだそうです。すべてはスタッフと男性経営者の実力です。

彼の何がよかったのでしょうか？

彼はリーダーとしての役割に気づいたのです。自分を含めた一人ひとりが「何のために」ここで仕事をしているのか？「何のために」を考えるということは、「自分とまわりを活かすにはどうしたらいいのか」ということにつながることがわかったのだと思います。

光のあて方で人は変わる

ある新規のお店を任された三十代の支店長の悩みです。若いし、べつに人徳があるわけでもないのでリーダーシップもとれるわけではありません。

「会社の期待に応《こた》えて、早く黒字化させないといけない」

そういう思いが先走って、彼にとっては重責だったそうです。職員は個性的な人が多いこともあって、なかなか統率しきれていませんでした。

「今野さん、どうしたらいいのでしょうか？」

今思えば、ちょっとノイローゼ状態だったのかもしれません。

私は「あなたの役割は何？」というところから話を始めました。

「私やあなたのようなポジションの仕事は、スタッフ一人ひとりが持っている力に光をあててあげるのも仕事なんですね。たとえば、あなたの手と足……どっちが偉いなんて言えないでしょう。手は手の役割をするように、足は足の役割をするように。ただし、全体を統率することは必要。ところがね、それを『会社のために……』と思ってやるのは違うと思う。それは二の次。まずはここで働いている人たちが、〝人として〟どうやったら幸せになるのか、そしてそういうスタッフと接したお客様が、どうやったら幸せになるのか。あなたは、そのことだけを考えて、言葉をかけてあげなさい。基準は、**〝人として、どうあってほしいか〟**ですよ」

スタッフ一人ひとりが抱えている問題と特徴を、彼はしっかり見つめてみました。家庭の問題、性格のこと、クセ、仕事に対する考え方など。それが見えてきたら、一人ひとりへの声のかけ方が、きっと変わってくるはずです。

自分がどうやって、そしてどういう方向に進めばいいのか、きちんと明確に腹を決めることができたようです。そこまで自分の考えになると、指示や命令がぶれなくなります。

以前ならば「どう思われるかな？」と、ちょっとビクビクしている彼がいました。まわりに迷惑をかけているお客様へも、誠実に、しかも毅《き》然《ぜん》とモノが言えるようにもなりました。そういう姿を見て、スタッフも頼もしさを感じるものです。

それから彼は、自分の言葉を用いて、「私は、〝人として〟こんなふうに思いながら、感じながら仕事をしています」とみんなに話せたんですね。感動で泣き出すスタッフもいたそうです。

若き支店長は、私に言ってくれました。

「ほんとうに今野さんのおかげです。今野さんに出会って、自分の人生観がこんなにも変わりました。自分がぶれなくなりました。今野さんとのご縁がいちばんの転機です」

私自身、彼に光をあてられたことを嬉しく思っています。

「思い」を言葉にのせる

売り上げを倍にする究極の方法――。知っていますか？　私の経験から見ると、かなり効果のある方法です。どんな業種にもあてはまると思います。

ある講演会の質疑応答のところで、インターネットカフェを任された二十二歳の店長さんから質問を受けました。パートのおばさんたちがなかなか言うことを聞いてくれない、と。「笑顔で接してください」「もっと気持ちよくお客様に対応してください」そう言ってもまったくダメです。どうしたらいいんでしょうか？　そのような悩みでした。

とてもわかりやすくて、いい質問だったと思います。

「あのね。あなたは職場に〝パートさん〟や〝アルバイトさん〟という人種がいると思っていますよね？　でも、それは違いますよ。パートさんやアルバイトさんではなく、たとえば、ヤマダさんとかサトウさんとか、ちゃんと一人ひとりに名前があります。

そしてもう一つ。あなたは朝礼やミーティングで、『もっと笑顔で』とか『もっと正確に事務をやってください』と言っていますよね？」

「はい」若い店長は恥ずかしそうに答えました。

「あなたは何のためにそれをやってほしいの？　じつはあなたがお客様にやっているように、『ようこそ、いらっしゃいませ！』って、それを表現してもらいたいんだよね？　でもね、『笑顔で接してください』と教えるからいけないと私は思いますよ。あなたは、あなたの代わりをやってくれるヤマダさんという〝パートさん〟を作りたいんですよね？自分の代わりに動いてくれるサトウさんという〝アルバイトさん〟を作りたいんですよね？」

講演会場内で立ち上がっている彼が、軽くうなずく姿が見えました。

「ヤマダさんに毎日こう言ってごらんなさい。『ヤマダさん、おはようございます。この前のお客様にヤマダさんのことをほめられましたよ。私、とっても嬉しかったですよ』って。そしてサトウさんには『サトウさん、今日も来ていただいて、私、とても助かりました。また明日もよろしくお願いします』って。毎日そうしなさい。ヤマダさん、サトウさんから言葉が返ってくるまで続けなさい。向こうから『店長、おはよう！今日も会えて嬉しいよ』って言われるまでやりつづけなさい。あなたから見れば、きっと人生の先輩でしょう。いろいろなことに耳を傾けて『ありがとうございました』って、『こんなことまで教えていただいて、ありがとうございます』って。お互いに尊重し合うの。そしたらね、あなたが今まで言っていたような、『もっと笑顔で』とか『この角度でお辞儀をしてください』なんて言わなくても、自然にみんなが自分の力を発揮するようになりますから」

会場から拍手がわきました。質問をしてくれた店長も、笑顔で応えてくれたのが印象的でした。

「売り上げを倍にする方法を教えましょうか？　あなたは今月の売り上げを考えなくていいです。いいですか？　**昨日よりも一つ多く『ありがとう』って言ってもらえることを考えなさい**。毎日毎日それを考え実行しつづけなさい。そうすれば勝手に売り上げが倍になるからね」

＊＊＊

もう一つ、別の会場で受けた同じような質問も印象的でした。四十二歳、営業課長です。すこぶる頭がよく、一目置かれている。前例の若い店長と似たようなお悩みでした。

「部下が私の言うことを聞いてくれません。言い方が悪いんでしょうか？　どんな言葉を、どういうふうに言えばいいのでしょうか？　うちの課の成績は最下位です」

とてもいい質問でしたので、感謝とともにお返事をさしあげました。

「みんなが抱えている問題ですが、でもそれは〝言葉〟の問題でしょうか？　大切なのは〝言葉〟ですか？　あなたは『どんな言葉を使ったら〜』と聞きましたよね？　いいですか？

私が笑顔で『今日は会えてすごく嬉しかったです。ありがとうございます』と言ったとします。別のときに憮然《ぶぜん》とした表情でボソッと『ありがとうございます』って言ったとします。文字にすれば、これ、まったく同じ『ありがとうございます』ですよね？　同じ言葉なのにまったく違う印象を与えてしまいます。つまりね、言葉は確かに大切ですが、言葉を発している元がいちばん大事なのですよ」

質問してくださった方は、部下に何かを言うときに必ず「あなたのためを思って言うんだけどね……」って言うそうです。「あなたのためですよ」って。でもそれは、言われている人のためではなく、言っている側の、もっとはっきり言うなら「会社のための」「成績のための」もの言いなんですね。その方は、いつも自分のために相手にものを言っていたわけです。結局は自分の都合を言っているわけですから、それは伝わりません。

もし、自分の子どもが窃盗をはたらいたとき、「○○ちゃん、そんなことをしてはいけませんよ」なんて優しく言わないですよね。この子を一人前にしなきゃいけないと思ったとき、ほとばしり出る言葉があるでしょう。なんとしても思いを伝えたいと考えるでしょう。

そうなんです。「思い」が言葉にのるから相手に通じるのです。

初めに言葉ありきではなく、「思い」ありきだと私は思っています。

勇気を出して質問してくださった方に言いました。

「結構簡単なのですよ。自分の腹を定めて、自分の素直な思いを言葉にのせてください。今のあなたは、自分が悪く思われないための防御壁を張って、その中からしか言葉を発していないのです。それをきちんと取っ払って、まずは自分の心を開いてください。うまく話せなくたってかまいませんよ。ほとばしる思いを伝えてください」

彼はその場で号泣していました。いつも自分は他人にどう思われるのか計算しながら話しています。それは自分でもわかっています、と。どこまでできるかわからないけれどやってみます、と。

じつはその後、ある会社が社員旅行としてタラサ志摩ホテル&リゾートにいらしたんですね。なんと、講演会場で質問をしてくださったその課長とその会社の社長もごいっしょだったのです。もちろん私は覚えていましたから、お声をかけました。

社長や部下のスタッフも、彼の変化にびっくりしていたようでした。自分の胸のうちを、自分の言葉で話すようになった彼の話に、みんなが感動して泣きながら聞いていたそうです。そんな雰囲気が伝播したのか、みんなが素直に話をするようになったと聞きました。

自分の思いをのせて素直に話すこと。

だからといって、「嫌なこと、やりたくないことをはっきりと言う」こととは違います。それは「感情」を伝えることになりますから。

そこには「愛情」というフィルターが一枚かかっていないといけません。暮らしの中で、実践の中で、瞬時に愛情というフィルターを通した言葉が出せるかどうか。それが人として大切になってくると思うのです。

自然に抱かれながら

「今野先生……先生はどうしてそんなに、私のほんとうの気持ちがわかるんですか？」

そう言われることがよくあります。

私からしてみれば、その人に対して何か特別なことを考えたり、自分の体験でものを言おうとはぜんぜん思っていません。

いつも、相手ありき。

誰かが目の前にいると、無意識に心が寄り添っていき、その人のいちばん求めていることを引き出してしまうようなのです。

「無為《むい》にして人を化《か》す」

私のことを、そのように表現する方もいらっしゃいます。人がいると、自然にその人の本質を引き出す触媒のような役割になってしまうようなのです。

私自身は自分が持っているフィルター（主観）を通さないで、真空のままの状態です。逆に、その人が発しているものが私の中を通過して、私の中に存在している三十八億年分のＤＮＡや、誰もが持っている人類が体験してきたいろいろな情報や自然観など、そういうものすべてに共鳴しながらインプットしてきて、そこからわき出た答えがまた私を通してアウトプットされて相手に伝わっている、と言えばいいでしょうか。

その人の思いの輪郭はぼやけていたけれど、心の奥底でほんとうに求めていたものに、私を通じて「これでしょ？」って言われて、「そうそう、それなんです！」というように気づくわけです。

たとえば、自分では、いい営業成績が出せないことが自分の悩みだと思っている人がいたとします。

ふつうはそういう場合、成績をよくするための実際的なアドバイスをあれこれとするのでしょう。けれど、私はその人の話を聞いていると、ほんとうにその人が苦しんでいるのは、〝誰にも心を開くことができないでいること〟だとわかってきます。

心が開かれていないから、相手も開いてくれない。当然、営業の成績も伸びないわけです。

私が相手に向かって言っているのは、

「あなたは、お客さんじゃない人とも、ふだん、おはようって気持ちのいい挨拶《あいさつ》ができている？」

という言葉です。その人に気づいてもらうために、自然と思いがわいてきます。あなたの悩みは、ほんとうは素直になれないということ、もっと違うところが変われば変わるのよ……ということに。

そのような具合に、いつも私の話は、こうすると損だとか得だとかという判断からではない、自然の理にかなっていることを言うことになります。それが結果として、誰でもが持っている普遍的なものに行き着くのではないかと思っています。

人が幸せになっていきたいというその奥底にあるふつうのこと。それに気がついていなくて我がいっぱい出ているときに不幸になるのですね。

幸せに気づいていないで、我がいっぱい出ていて、不幸せになっている。そこに気がつけるために、いちばん適切な言葉が出てくるようです。

その人その人の心に響く言葉を瞬時に選んでしまうのは、無意識のうちに心を寄り添わせている中で、その人自身が発しているものを受け取るからなのだと思います。今野華都子という個人ではなくて、地層を通すと雨水が飲める水に変わるように、三十八億年分の命から、今、目の前にいる人への言葉が還《かえ》ってくるのではないかと思っています。

「今野先生に聞いていただいたら、なんだか、もやもやしたときに海に行ったみたいな、森に入ったみたいな、そんな気持ちになれました」

と言っていただけて嬉しかったこともあります。

そうやって喜んでくださった方が、会社の経営者であったりすると、その方の迷いがとけた喜びは従業員の方にも伝わり、次にはそのご家族に伝わり、喜びの裾野《すその》が広がっていくのです。

喜びながら、楽しみながら、良いことが自然に人から人へしみわたっていく社会でありたいと思っています。

私は、いちばん大切なことは、「**自然に対しての畏敬《いけい》の念を持てる**」ことだと思っています。自然の中にはすべての営みがありますから、愛ということも含めて、すべてを縫合する自然に対する畏敬の念を持てば、命を敬い合うというところがすべての現象のよりどころになるのです。

これが私のバックグラウンドです。

私たちはそこにある花や石と同じ原子の集合体。全部を敬い合う。

そのうえで、一人ひとりが自然の中で共鳴し合いながら生き物としての自分をきちっと生きられることが大切なんですね。

そういう自然と、目の前の人との触媒になれているのなら、ありがたいことだと思っています。

「ねがい」——あとがきにかえて

私は現在、三重県の「伊勢志摩国立公園」の中にあるタラサ志摩ホテル&リゾートの社長をしております。

幼いときから惹《ひ》かれていた「倭（やまと）」という言葉の本拠地とも言える伊勢神宮のある地から、こうやって日本中に何かを伝え動くようになった自分の運命を不思議に思いながら、忙しくても充実した毎日です。

以前、工学博士の五日市剛さんとのご縁から対談集『運命を変える言葉』（致知出版社）の刊行に関わりましたが、この度は私の初めての著作として、今の自分の思いをつづった本書が出版されます。

顔を洗うという毎日のきわめて日常的なことが、やがて気づかせてくれる大切なことを、さまざまなエピソードを交えて書いてみましたが、いかがでしょうか。この本を読者の皆様、お一人おひとりの日常生活に生かしていただければ幸せです。

この本でも書きましたが、私はいつも洗顔教室にみえる方に、

「何のためにきれいになりたいのですか？」

とお尋ねしています。それは、自分の人生の願いは何かということを明確に意識していただくことにあります。きれいになることの先にある、あなたのほんとうの望み、ほんとうの願い……。

それは「自分を生かし喜んでいただく、至上の幸せを味わう喜び」です。

ところが、そのような思いを書き進めているうちに、

「では、今野華都子さん、あなたの人生の目的は何ですか？」

もしも、そう尋ねられたら、何と答えるかしらと考えてみました。

誰でも自分の人生は幸せでありたいと思っています。

私の幸せの基準は、「心が騒がぬこと」。静かな湖面に月が映っているような心境でしょうか。でも会社の経営者としては、嵐の中でも帆を上げる自分がいます。迫りくる危機の中で判断を下さねばならない自分がいるのです。どっちが都合がよいか、どっちが得かと思っていると、迷いやブレなど、騒ぐ心が生まれてしまいます。

決断の時は、「自分は何のために生きているのか」「何のためにこれをしようとしているのか」と原点に戻っていつも静かに心を見つめると、答えは一つしかないことに気づかされます。


ある時から、洗顔で一日の終わりを心静かに迎えられるようになりました。あたかも北極星をめざして歩く旅人のように、行く道が明確になり、目の前のことを心穏やかに全力でやれるようになりました。

また、結果をいっしょに喜べる仲間ができました。

私たちは時の旅人です。

「大いなる大自然の一部」としての思いと調和する行動が、穏やかな心をつくり、感謝に満ちた時間になり、幸せに続く道になると確信しています。

多くの人に出会わせていただき、その方たちと喜びを共にすることができる。私の何よりの願いは、どの人にも、その人自身の存在を喜んでほしいということなのです。

そして明日からも、形を変え、場所を変えながら、このようなメッセージを多くの人たちに発信しつづけることが私の役割です。

自分の存在を喜びましょう。

ここに形ある存在——肉体という部分と

心としていただいた「自分」を喜びましょう。

私たちは、みんな一人ずつ違って、そしてかけがえのないすばらしい存在です。そう認め合って、お互いを生かし生かされ喜び合いましょう。

それを伝えることが私の生まれた目的です。その喜びを味わうために、ここにいるのだとあらためて強く思います。

私にこの本を出版する機会と、多くの助言をくださいましたサンマーク出版の鈴木七沖さんに心から感謝いたします。

そして、洗顔教室で出会った方々、これから出会う方々、この本を手にとってくださったあなたも、この地球に生を享《う》け、共に人生を歩めることを、いっしょに喜んでいただければと思います。

今野華都子

二〇〇八年四月

今野華都子 こんの・かつこ

1953年、宮城県生まれ。日本エステティック協会認定エステティシャン、日本エステティック業協会インターナショナルエステティシャン。世界110か国が参加して行われた「第1回LPGインターナショナルコンテストL6」において、日本人で初めてフェイシャル部門No.1に選ばれたフェイシャルの第一人者。「美しさは優しさを創り、優しさは波動としてすべての人の心に届く」をモットーに、人としての美しさと優しさの創造に邁進している。現在、タラサ志摩スパ＆リゾート株式会社にて取締役社長を務め、その他エステティックサロン、フィットネスクラブ、ヨーガスタジオなど、エステ部門を統轄するエグゼクティブアドバイザーを兼任している。

【タラサ志摩ホテル＆リゾート　ホームページ】
http://www.thalasso.co.jp/

顔を洗うこと 心を洗うこと

＊＊＊

2008年5月 1日 初版印刷
2008年5月15日 初版発行

著者――今野華都子
発行人――植木宣隆
発行所――株式会社サンマーク出版
〒169-0075 東京都新宿区高田馬場2-16-11
電話 03-5272-3166

印刷――共同印刷株式会社
製本――株式会社若林製本工場

定価はカバー、帯に表示してあります。
落丁、乱丁本はお取り替えいたします。

ISBN978-4-7631-9817-4 C0030

ホームページ http://www.sunmark.co.jp
携帯サイト http://www.sunmark.jp